AF460958

BIBLIOTHÈQUE

MORALE ET LITTÉRAIRE

in-8° Cinquième série.

LES CROISÉS EN ORIENT

LES

CROISÉS EN ORIENT

PAR L***

LIMOGES
ANCIENNE MAISON BARBOU FRÈRES
CH. BARBOU, IMPRIMEUR-LIBRAIRE-ÉDITEUR
Avenue du Crucifix.

—

LES CROISÉS EN ORIENT

PREMIÈRE CROISADE (*An* 1095.)

Ce fut vers la fin du onzième siècle que commencèrent les croisades, c'est-à-dire les guerres entreprises pour délivrer la Terre-Sainte du joug des mahométans. Les empereurs d'Orient, que les infidèles avaient dépouillés de leurs plus belles possessions, et, en particulier, de la Palestine, imploraient depuis longtemps le secours des Latins. Pour l'obtenir, il fallut qu'à leurs instances se joignît un motif de religion. Un prêtre du diocèse d'Amiens, nommé Pierre l'Ermite, ayant fait le pèlerinage de Jérusalem, fut sensiblement affligé de voir les lieux saints profanés par les infidèles. Il en conféra avec Simon, patriarche de Jérusalem, et, dans les entretiens qu'ils eurent à ce sujet, ils conçurent le dessein de délivrer la Palestine de la servitude où elle gémissait depuis si longtemps. Ils convinrent que le patriarche écrirait au pape, et que Pierre, en lui remettant la lettre, tâcherait de lui faire goûter ce projet. Pierre se rendit en Italie, et il fit au pape Urbain II une peinture touchante de l'état déplorable où était la Terre-Sainte. Urbain, qui en fut vivement affecté, résolut d'engager les princes chrétiens à réunir leurs forces pour la délivrer : il indiqua un concile à Clermont, où se rendirent plusieurs princes. Il y parla d'une manière si pathétique que les assistants fondirent en larmes et s'écrièrent tout d'une voix : *Dieu le veut!* Ces mots, que tout le monde s'accorde à répéter, comme par inspiration, parurent d'un heureux augure, et devinrent, dans la suite, le cri de guerre. La plupart de ceux qui étaient présents s'enrôlèrent pour cette expédition et prirent pour marque de leur engagement une croix d'étoffe rouge, attachée à l'épaule droite, ce qui leur fit donner le nom de *Croisés*. En même temps, les évêques prêchèrent la croisade dans leurs diocèses avec un succès qui surpassa leurs espérances. Pierre l'Ermite parcourait les provinces pour animer les esprits à cette grande entreprise. Son zèle, son désintéressement et sa vie pénitente lui donnaient l'air et l'autorité d'un prophète. Tout fut bientôt en mouvement dans la France, dans l'Italie, dans l'Allemagne; on vit parmi les grands et parmi le peuple un égal empressement à prendre la Croix. Ce qu'il y eut de plus édifiant, c'est que les inimitiés et les guerres particulières, qui étaient auparavant allumées dans toutes les provinces, cessèrent tout à coup. La paix et la justice semblaient être revenues sur la terre pour préparer les hommes à la guerre sainte. Parmi les seigneurs français qui se croisèrent, les plus distingués furent Godefroy de Bouillon, duc de Lorraine; Hugues le Grand, comte de Vermandois; Raymond, comte de Toulouse; Robert, comte de Flandre, et Robert, comte de Normandie. Des héros de ce caractère étaient capables de faire la conquête du monde entier, s'il y avait eu plus de concert entre les chefs et plus de discipline parmi les troupes. Godefroy de Bouillon, qui eut tout l'honneur de cette croisade, réunissait en sa personne la prudence avec l'ardeur de la jeunesse, et la valeur la plus intrépide avec la piété la plus tendre. Quoiqu'il ne fût pas le plus puissant des princes croisés, son armée était la plus florissante, parce que sa réputation avait attiré sous ses étendards une nombreuse noblesse qui faisait gloire d'apprendre à son école le métier de la guerre. Les croisés se partagèrent en plusieurs troupes, qui prirent différentes routes pour se rendre à Constantinople, où l'on était convenu de se rassembler; mais il en périt une grande partie en chemin, parce qu'ils ne gardèrent ni ordre ni discipline, et qu'ils se livrèrent à toutes sortes d'excès et de désordres.

EXPÉDITION DES CROISÉS.

Godefroy de Bouillon, qui sut mieux contenir ses troupes, arriva le premier à Constantinople, et il y attendit le reste des croisés. Quand ils furent tous assemblés, ils traversèrent l'Hellespont, et formèrent le siége de Nicée, capitale de la Bithynie, pour s'ouvrir un passage à la Terre-Sainte. Cette ville avait une forte garnison; mais elle ne put tenir contre les efforts des assiégeants, et elle se rendit à composition. Peu de jours après, les croisés, qui s'étaient remis en marche, furent investis par une multitude innombrable d'ennemis. On en vint aux mains; les chrétiens se battirent comme des lions, et obligèrent les infidèles à prendre la fuite : on en fit un grand carnage. Cette victoire n'éloigna pas tous les dangers. L'armée chrétienne se vit exposée à toutes les horreurs de la faim et de la soif, parce que le pays avait été ravagé par les ennemis. La disette des vivres, jointe à la fatigue des voyages, enleva une infinité d'hommes, et fit périr la plus grande partie des chevaux. On arriva enfin dans la Syrie, et l'on résolut d'assiéger Antioche, qui était alors l'une des plus grandes et des plus fortes villes de l'Orient. Les ennemis, qui s'attendaient à ce siége, l'avaient pourvue de tout ce qui était nécessaire pour une longue résistance, et ils avaient eux-mêmes une armée considérable à portée de la défendre. Le siége dura depuis sept mois, et les croisés commençaient à désespérer du succès, lorsqu'un heureux événement les rendit maîtres de la place. Un des principaux habitants d'Antioche avait un fils qui fut pris dans une sortie; le père l'aimait tendrement, et offrait une somme considérable pour le racheter. Le Seigneur croisé à qui appartenait le jeune captif le renvoya sans rançon. Cette générosité gagna le père et le détermina à introduire les croisés dans la ville. Après cette conquête importante, l'alarme se répandit dans toute la Palestine, et l'armée chrétienne s'avança sans obstacle vers Jérusalem, qui était le grand objet de cette expédition. La ville pouvait résister longtemps : l'ennemi n'avait rien oublié pour la mettre en état de défense; mais les croisés firent des prodiges de valeur, et, au bout de cinq semaines, ils la prirent d'assaut, un vendredi, à trois heures après midi; circonstance qui fut remarquée, parce que c'était le jour et l'heure où Jésus-Christ expira sur la croix. Dans la première chaleur de la victoire, rien ne put arrêter le soldat : on fit main-basse sur les infidèles, dont la ville était pleine, et le massacre fut horrible; mais on passa bientôt après de cet emportement de fureur aux sentiments de la plus tendre piété. Les croisés quittèrent leurs habits ensanglantés; ils allèrent nu-pieds, en pleurant et en se frappant la poitrine, visiter tous les lieux consacrés par les souffrances du Sauveur. Le peu de chrétiens qui étaient restés à Jérusalem poussaient des cris de joie et rendaient grâces à Dieu de ce qu'il les avait délivrés de l'oppression. Huit jours après, les princes et les seigneurs s'assemblèrent pour élire un roi capable de conserver cette précieuse conquête. Le choix tomba sur Godefroy de Bouillon, qui était le plus vaillant et le plus vertueux de toute l'armée. On le conduisit à l'église du Saint-Sépulcre, et il y fut solennellement proclamé. Comme on lui présentait une couronne d'or, le pieux héros la refusa : « A Dieu ne plaise, dit-il, que je porte une telle couronne dans un lieu où le Roi des rois n'a été couronné que d'épines ! »

ÉTABLISSEMENT DES ORDRES MILITAIRES. (An 1098.)

Les croisades donnèrent lieu à l'établissement des ordres militaires, dont le plus ancien est celui des Hospitaliers de Saint-Jean, et subsiste encore aujourd'hui sous le nom de *Chevaliers de Malte*. La première maison de cet ordre célèbre n'était d'abord qu'un hôpital bâti à Jérusalem pour y recevoir les pèlerins qui venaient de visiter les saints lieux, et pour y prendre soin des malades. Elle avait été fondée par des marchands du royaume de Naples, dans le temps que la ville de Jérusalem était encore au pouvoir des infidèles. Le bienheureux Gérard, natif de Provence, personnage d'une grande prudence et d'une rare vertu, était directeur de cet hôpital lorsque les croisés se rendirent maîtres de la ville. Godefroy de Bouillon en étant devenu roi, comme nous l'avons dit, protégea cet établissement et lui fit de grands biens. Plusieurs gentilshommes qui l'avaient suivi dans son expédition, édifiés de la charité qu'on y exerçait envers les pèlerins et les malades, renoncèrent à retourner dans leur patrie, et se dévouèrent à cette bonne œuvre; mais ils ne se bornèrent plus, comme on avait fait jusqu'alors, aux exercices paisibles de la charité : ils prirent les armes contre les ennemis de la religion. C'étaient de braves guerriers, à qui la piété dont ils étaient remplis, et la cause pour laquelle ils combattaient, inspiraient une nouvelle valeur. Fiers et terribles à l'égard des musulmans hors de Jérusalem, ils étaient, dans l'intérieur de l'hôpital, d'humbles serviteurs des pèlerins. Austères pour eux-mêmes et pleins d'une généreuse charité pour les autres, ils ne mangeaient que du pain fait de la plus grossière farine et réservaient la plus pure pour la nourriture des malades. Afin de perpétuer ce pieux établissement, ils résolurent de s'engager par des vœux. Le patriarche de Jérusalem approuva cette résolution, et ils firent entre ses mains les trois vœux de religion, auxquels ils ajoutèrent celui de combattre les infidèles. Le pape Paschal confirma ensuite cet institut, et lui accorda de grands priviléges. Ils formèrent donc un corps religieux et militaire tout à la fois, où, sans renoncer aux exercices de l'hospitalité, on faisait une profession particulière de défendre les chrétiens contre les insultes des infidèles. Ce nouvel ordre se multiplia considérablement en peu de temps, et il acquit, dans tous les royaumes d'Occident, des biens immenses. Beaucoup de jeune noblesse accourait de toutes les contrées de l'Europe pour s'enrôler sous ses enseignes. Ces braves chevaliers signalèrent en mille occasions leur zèle et leur courage, et devinrent le plus ferme appui du trône de Jérusalem, tant qu'il subsista. Après la chute de ce royaume, qui ne dura que quatre-vingt-seize ans, ils passèrent dans l'île de Rhodes, où ils soutinrent contre Soliman, empereur des Turcs, un siége à jamais mémorable; puis à l'île de Malte, qui fut dès-lors le chef-lieu de l'Ordre et la résidence du grand-maître, à qui l'empereur Charles-Quint en céda la souveraineté, et dont ils sont restés possesseurs jusqu'à ce qu'elle ait été prise par les Français, et reprise par les Anglais.

INSTITUTION DES PRÉMONTRÉS. (An 1120.)

L'Eglise, qui venait d'enfanter dans l'Orient une société de héros religieux, vit, avec une nouvelle consolation, se former en France plusieurs ordres nouveaux, destinés à produire des biens d'un autre genre. Saint Norbert parut suscité de Dieu pour donner aux ecclésiastiques un parfait modèle des vertus de leur état, par l'établissement des chanoines réguliers, dont il fut le père. Il était né dans le duché de Clèves, et d'une famille distinguée par sa nobesse. Placé de bonne heure dans le clergé, il ne connut pas d'abord la sainteté de sa vocation. Il avait été pourvu de plusieurs bénéfices, dont le revenu était employé au luxe et à la vanité; mais Dieu, qui voulait en faire un vase d'élection, le terrassa, comme autrefois saint Paul, pour le relever plus glorieusement. Un jour que Norbert passait à cheval dans une agréable prairie, il survint un grand orage, et la foudre tomba aux pieds du cheval, qui s'abattit et renversa son cavalier à demi-mort. Norbert resta près d'une heure privé de sentiment, mais enfin, étant revenu à lui, il s'écria comme Saul: *Seigneur, que voulez-vous que je fasse?* Dieu lui répondit intérieurement qu'il devait mener une vie digne de l'état qu'il avait embrassé. Alors il changea entièrement de conduite: il quitta ses habits précieux et se revêtit d'un rude cilice ; il renonça à tous les bénéfices qu'il possédait, vendit son patrimoine, en distribua le prix aux pauvres, et vint, nu-pieds, trouver le pape Calixte, qui tenait alors un concile à Reims. Le pape lui fit un accueil favorable, et chargea l'évêque de Laon d'en prendre soin. Cet évêque, après la fin du concile, emmena Norbert avec lui à Laon, et l'y retint pendant l'hiver, afin de lui laisser le temps de rétablir sa santé, que ses austérités avaient fort affaiblies. Comme Norbert lui témoignait souvent le désir qu'il avait de se retirer dans la solitude, le prélat, qui voulait le retenir dans son diocèse, le menait en divers lieux, afin qu'il choisît celui qui lui conviendrait le plus. Le saint s'arrêta à un endroit fort solitaire, nommé *Prémontré*, et y établit sa demeure. Ses prédications et la sainteté de sa vie lui attirèrent bientôt des disciples : en peu de temps il eut avec lui quarante ecclésiastiques et plusieurs laïques, qui tous paraissaient remplis de son esprit, et qui s'efforçaient d'imiter ses vertus. Alors Norbert songea à choisir une règle. Après avoir délibéré pendant quelque temps, il se détermina pour celle de saint Augustin. Tous ses disciples en firent une profession solennelle, avec promesse de stabilité. Le saint fondateur alla ensuite à Rome pour demander au souverain pontife la confirmation de son ordre. Le pape Honorius lui accorda ce qu'il désirait, et Dieu bénit cet institut naissant, qui se répandit bientôt dans tout le monde chrétien. C'était partout un empressement merveilleux de s'engager dans ce saint ordre. Thibaut, comte de Champagne, touché des discours et des vertus du saint fondateur, conçut le dessein de quitter le monde : il vint offrir à Norbert sa personne et ce qu'il possédait; mais le saint, qui cherchait moins la gloire et l'avantage de son ordre que le bien général de l'Eglise, lui conseilla de rester dans le siècle, où il pouvait être plus utile en faisant servir et honorer Dieu par ses vassaux. Il est bon de remarquer combien l'origine des ordres religieux a été pure. La vie austère, le désintéressement de ceux qui s'y dévouèrent, montrent qu'ils étaient très-éloignés de solliciter des donations. Leurs travaux immenses pour défricher des terres jusqu'alors incultes; une administration sage et active, ont été la principale source de leurs richesses.

SAINT NORBERT EST ÉLU ARCHEVÊQUE DE MAGDEBOURG.

Dieu, qui avait élevé saint Norbert à un si haut degré de sainteté, le destinait à gouverner un grand peuple et à édifier toute l'Allemagne. Obligé d'y faire un voyage pour des affaires importantes, Norbert arriva à Spire lorsque l'empereur Lothaire y tenait une assemblée pour élire un archevêque de Magdeboug. On l'invita à prêcher. Il le fit avec tant de succès que les députés de l'Eglise de Magdebourg le proposèrent pour le siége vacant ; et sans lui donner le temps de se reconnaître, ils se saisirent de sa personne en criant : *Voici notre évêque! voici notre père!* Ils le présentèrent à l'Empereur, qui applaudit à ce choix avec tous les assistants. Après que le légat du pape, qui était présent, eut confirmé l'élection, on amena le nouvel archevêque à Magdebourg. Dès que Norbert aperçut la ville dont il devenait le pasteur, il voulut faire le reste du chemin nu-pieds. A son entrée dans la ville, il se fit un grand concours de peuple pour voir un si saint homme ; la joie était universelle; on le conduisit en procession à l'église, et de l'église au palais archépiscopal. Il était vêtu fort pauvrement, et n'avait rien à l'extérieur qui le distinguât. Qand il se présenta pour entrer dans le palais, le portier, qui ne le connaissait pas, le prit pour un pauvre, et le repoussa brusquement, en lui disant : » Il y a longtemps que les autres pauvres sont entrés ; retirez-vous, et n'incommodez pas ces seigneurs. » Tout le monde cria au portier : « Que fais-tu, malheureux? c'est l'archevêque, c'est ton maître que tu rebutes. » Le portier, confus de sa méprise, voulut se cacher; mais le saint archevêque l'arrêta en souriant : « Ne craigniez rien, mon ami ; je ne vous en sais point mauvais gré : vous me connaissez mieux que ceux qui me forcent à habiter un palais, peu convenable à un pauvre tel que moi. » Il gouverna son diocèse avec un zèle infatigable ; mais il eut beaucoup à souffrir. L'Eglise de Magdebourg était tombée dans un grand relâchement : il s'appliqua à y établir une exacte réforme. Ses efforts furent heureux à l'égard de plusieurs ; mais il se fit des ennemis de ceux qu'il ne put gagner. *Pourquoi*, disaient-ils, *avons-nous appelé cet étranger dont les mœurs sont contraires aux nôtres ?* Ils le chargaient d'injures, et tâchaient de le décrier parmi le peuple. Leur fureur alla même jusqu'à chercher les moyens de lui ôter la vie. Norbert souffrait tout avec une patience inaltérable; à cette occasion, il disait à ses amis : « Est-il étonnant que le démon se déchaîne contre moi, lui qui a osé attenter à la vie de Jésus-Christ, notre chef ? » Sa charité, sa douceur et sa persévérance triomphèrent enfin de tous les obstacles. Il mourut accablé d'autérités et de fatigues après avoir rempli tous les devoirs d'un bon pasteur.

FONDATION DE L'ORDRE DE CITAUX. (*An 1110*)

L'ordre de Cîteaux fut établi en même temps que celui de Prémontré, et il ne fut pas moins célèbre ni moins utile à l'Eglise. Saint Robert, qui le fonda, avait embrassé l'état religieux dès l'âge de quinze ans. Dans le dessein de garder une retraite plus exacte, et de pratiquer la règle de saint Benoît, sans aucun adoucissem nt, il alla s'établir avec quelques compagnons de sa ferveur, dans la forêt de Cîteaux, à cinq lieues de Dijon : c'était un désert dont la vue seule faisait horreur, et qui n'était habité que par des bêtes sauvages ; mais plus cette solitude était affreuse à la nature, plus elle leur paraissait propre au désir qu'ils avaient de se cacher et de ne vivre que pour Dieu. Ils se mirent à défricher la terre, et ils y bâtirent des cellules de bois pour se loger. C'était plutôt un amas de cabanes qu'un monastère. Là ces saints religieux immolaient sans cesse leurs corps à Dieu par les rigueurs de la pénitence, et leurs cœurs par le feu de la charité. Souvent ils manquaient de pain, parce que le travail ne suffisait pas pour leur procurer le nécessaire; cependant ils refusèrent les riches présents que le duc de Bourgogne voulait leur faire, tant ils estimaient la pauvreté. Quoique ce nouvel institut fût très-renommé par sa ferveur, il demeura plusieurs années sans faire de progrès sensibles. C'était un arbre qui jetait de profondes racines avant de s'élever et d'étendre ses branches. Dieu prit plaisir à le relever par tout ce que la vertu peut avoir de plus éclatant aux yeux des hommes. Un jeune seigneur nommé Bernard vint s'y consacrer à la retraite avec trente compagnons qu'il avait gagnés, et qu'il conduisit à Cîteaux comme de précieuses dépouilles qu'il enlevait au monde en le quittant. Bernard naquit au château de Fontaines en Bourgogne. Comme il réunissait dans sa personne les grâces extérieures du corps et les plus rares qualités de l'esprit, on avait conçu de lui les plus belles espérances. Tout lui riait à son entrée dans le monde ; mais il forma la résolution généreuse de sacrifier tout à Dieu. Ses frères et ses amis, s'étant aperçus de son dessein, firent tous leurs efforts pour l'en détourner ; mais il s'y affermit davantage, et il vint à bout d'inspirer la même résolution à ceux qui s'y étaient montrés les plus opposés. Il fut suivi à Cîteaux de tous ses frères, excepté un dernier, qu'il laissa à son père, pour la consolation de sa vieillesse. Au moment de leur départ, l'aîné voyant dans la rue leur jeune frère, qui jouait avec d'autres enfants: « Vous serez, lui dit-il, l'unique héritier de notre maison : nous vous laissons tous nos biens. — Oui, répondit l'enfant, les biens du ciel sont pour vous, et ceux de la terre sont pour moi: le partage n'est pas égal . » Il resta pour lors; mais, dans la suite, il vint se réunir à ses frères. Dès que Bernard fut entré à Cîteaux, on vit briller en lui les plus sublimes vertus: il s'appliqua tellement à mortifier tous ses sens qu'il semblait être devenu un homme tout spirituel; il se reprochait la nourriture qu'il était obligé de prendre, et le repas était pour lui un tourment. Son recueillement avait été si profond qu'après avoir demeuré un an entier dans la chambre des novices, il en sortit sans savoir comment elle était construite. Il veillait une grande partie de la nuit, regardant comme perdu le temps qu'il accordait au sommeil. Il soutenait par son exemple la ferveur de ses compagnons, et il ranimait la sienne en se rappelant les motifs de sa conversion, et en se disant souvent à lui-même : *Bernard, dans quel dessein es-tu venu ici?* Ces courtes paroles lui inpiraient un nouveau courage pour remplir les devoirs de la vie religieuse.

SAINT BERNARD, ABBÉ DE CLAIRVAUX.

L'exemple de saint Bernard attira un si grand nombre de religieux dans la maison de Cîteaux que, pour la décharger, l'on fonda plusieurs abbayes, entre autres celle de Clairvaux. Le lieu où elle fut bâtie était un désert, qu'on nommait auparavant

Vallée d'Absinthe, dont les bois avaient servi longtemps de retraite aux voleurs. Elle devint alors la demeure des saints. Bernard en fut établi abbé, et il y conduisit douze religieux; mais le nombre s'accrut bientôt considérablement. Le saint abbé qui avait coutume de dire à ceux qu'il admettait parmi les novices : « Si vous voulez entrer ici, laissez à la porte le corps que vous avez porté du siècle : elle n'est ouverte que pour l'âme seule. » En effet, la règle qu'on y observait était extrêmement austère. Comme le monastère était d'abord fort pauvre, l'on n'y mangeait que du pain mélangé d'orge et de millet, le potage était fait avec des feuiles de hêtres cuites. Malgré cette chétive nourriture, ces saints solitaires vivaient contents; l'amour de la pénitence assaisonnait ces mets grossiers. On ne connaissait à Clairvaux d'autres exercices que la prière et le travail des mains. Quoique la communauté fût nombreuse, le silence de la nuit y régnait pendant le jour. Ce silence imprimait un tel respect aux séculiers qu'ils n'osaient eux-mêmes tenir aucun discours profane en ce saint lieu. On y voyait des hommes qui, après avoir été riches et honorés, se glorifiaient dans la pauvreté de Jésus-Christ, qui souffraient avec joie la fatigue du travail, la faim, la soif, le froid, les humiliations. Le saint abbé était partout à leur tête, et il en faisait lui-même plus qu'il en exigeait d'eux. Il avait une si haute idée de la vie religieuse, que dans le commencement de son gouvernement, il était choqué des moindres imperfections que l'on ne peut absolument éviter en cette vie, et qu'il voulait ne trouver que des anges dans ceux qu'il conduisait; mais Dieu lui fit connaître qu'il se trompait, et il sut, dans la suite, se proportionner aux faiblesses de l'humanité et conduire ses religieux à la perfection par des routes différentes, selon les différentes mesures de grâces qu'il rencontrait en eux. Saint Bernard sanctifia toute sa famille : il avait avec lui tous ses frères; Tesclin, son père, vint aussi, dans sa vieillesse, prendre l'habit monastique à Clairvaux. Il ne lui restait plus dans le monde qu'une sœur mariée et fort attachée au siècle. Cependant, ayant eu envie de voir son frère, elle vint au monastère superbement parée, et avec une suite nombreuse. Le saint abbé refusa de la voir en cet état. Ce refus la remplit de honte et de componction: « Quoi que je ne sois, dit-elle qu'une pécheresse, Jésus-Christ est mort pour moi. Si mon frère méprise mon corps, que le serviteur de Dieu ne méprise point mon âme. Qu'il vienne et qu'il ordonne, je suis prête à obéir. » Alors saint Bernard vint la voir: elle fut si touchée de ses entretiens qu'elle renonça à la vanité, et que, deux ans après, ayant obtenu le consentement de son mari, elle entra au monastère Jully, qui venait d'être fondé pour les femmes, où elle mourut saintement.

CÉLÉBRITÉ DE SAINT BERNARD.

Saint Bernard devenait de jour en jour plus célèbre par ses talents et ses vertus, qui furent bientôt récompensés du don des miracles. Le premier se fit en faveur d'un gentilhomme parent du saint abbé. Ce gentilhomme tomba malade et perdit tout-à-coup connaissance et la parole. Sa famille était fort alarmée, parce que le malade avait autrefois commis des injustices. On appela saint Bernard qui assura que la connaissance reviendrait au malade si l'on réparait les torts qui avaient été faits. On fit aussitôt la réparation, et le saint abbé alla offrir le saint sacrifice. Avant que la messe fût achevée, le malade commença à parler librement, et demanda à se confesser. Il fit, en effet, sa confession en répandant beaucoup de larmes ; il reçut les sacrements, et trois jours après il mourut dans de grands sentiments de pénitence Une femme vint un jour trouver le saint abbé, et lui présenta son enfant dont la main était desséchée et le bras tourné depuis sa naissance. Saint Bernard eut compassion de cette femme et lui dit de mettre son enfant à terre; puis, ayant adressé à Dieu une prière fervente, il fit le signe de la croix sur le bras de l'enfant, qui fut guéri à l'instant, et courut embrasser sa mère. Le bruit de ces miracles s'étant répandu, on lui amenait de fort loin des malades de toute espèce, des aveugles, des paralytiques, et il les guérissait en les touchant ou en faisant sur eux le signe de la croix. Les conversions qu'il opéra n'étaient pas des prodiges moins surprenants. On ne résistait point à son éloquence persuasive, ou plutot à l'esprit divin qui l'animait. Une troupe de jeunes seigneurs qui allaient chercher des fêtes et des divertissements, eurent la curiosité de voir, en passant, la maison de Clairvaux. Le saint abbé les reçut avec bonté, et pour les détourner avec bonté des plaisirs dangereux où ils couraient, il les invita à y demeurer quelques jours, jusqu'au carême, qui était proche; mais il ne put rien gagner sur eux. «J'espère, leur dit-il, que Dieu m'accordera ce que vous me refusez.» En même temps il leur fit présenter de la bière, et les exhorta à boire à la santé de leurs âmes. Ils le firent en riant, et partirent ensuite ; mais à peine étaient-ils à quelque distance du monastère, que, se rappelant ce que saint Bernard leur avait dit, ils se sentirent changés ; ils retournèrent à Clairvaux, et y embrassèrent tous la vie religieuse. La réputation de saint Bernard fit naître à plusieurs Églises le désir de l'avoir pour pasteur; on lui offrit l'archevêché de Milan, celui de Reims, l'évêché de Langres et celui de Châlons. Il refusa constamment toutes ces dignités, et le respect que les souverains pontifes avaient pour sa vertu les empêcha toujours de faire violence à sa modestie. L'humble solitaire ne cherchait qu'à s'ensevelir dans sa retraite, qu'à instruire ses religieux et à s'instruire lui-même des voies de Dieu ; mais le crédit que ses lumières et sa sainteté lui donnaient troubla souvent sa solitude. On avait recours à lui de toutes les province, et son zèle l'obligeait de prendre part à toutes les affaires de l'Eglise. Il était tout à la fois le refuge des malheureux, le défenseur des opprimés, le fléau des hérétiques, l'oracle des souverains pontifes, le conseil des évêques et des rois; en un mot, l'homme de l'Eglise, toujours prêt à en soutenir les droits, à en défendre l'unité, à en combattre les ennemis.

SAINT BERNARD PRÊCHE LA DEUXIÈME CROISADE. SA MORT. (AN 1145.)

Saint Bernard fut employé ensuite dans une affaire qui lui attira bien des reproches, et qui exerça sa patience. La Terre-Sainte était dans le plus grand danger de retomber au pouvoir des infidèles, qui s'étaient déjà emparé de la ville d'Edesse et y avaient fait un horrible massacre des chrétiens. Le roi de Jérusalem demandait des secours aux princes d'Occident. Le pape, alarmé de la triste situation où se trouvait la Palestine, entreprit de rallumer dans le cœur des chrétiens la même ardeur que, cinquante ans auparavant, Urbain II y avait excitée. Il écrivit, à ce sujet au roi de France une lettre par laquelle il exhortait tous les Français à prendre les armes pour la défense de la religion. Saint Bernard fut chargé de prêcher la croisade. Le roi l'y avait invité, le pape lui en avait écrit ; mais le saint abbé ne put s'y résoudre qu'après en avoir reçu un ordre formel. Alors il le fit, non-seulement en France, mais encore en Allemagne, avec un succès prodigieux. Sa prédication fut soutenue par des miracles, et une foule de seigneurs demandèrent la croix avec un tel empressement qu'il semblait que toute l'Europe dût passer en Asie. Quoiqu'on eût préparé un grand nombre de croix, comme il n'y en avait point encore assez pour la multitude de ceux qui se présentaient, le saint abbé fut obligé de mettre en pièces une partie de ses habits pour en faire des croix. Le roi, Louis le Jeune, qui donna à ses sujets l'exemple de prendre la croix, en la prenant lui-même le premier, se disposa à marcher en personne à la tête de son armée. L'empereur Conrad, qui était aussi de cette expédition, prit les devants, et se mit en route à l'Ascension de l'année 1147. Son armée était composée de soixante-dix mille cavaliers cuirassés, sans compter la cavalerie légère et l'infanterie, qui étaient innombrables. L'armée du roi de France, qui se mit en marche quinze jours après l'empereur, n'était pas moins considérable; mais presque tout périt par la mauvaise conduite des croisés, qu'il ne fut pas possible d'assujettir au frein de la discipline militaire. Quand ils furent arrivés sur les terres de l'Empire grec, ils y commirent des désordres qui donnèrent de la défiance à Manuel, empereur de Constantinople. Ce prince, qui craignait pour ses Etats, résolut de faire périr les croisés : il leur donna des guides infidèles, qui les conduisirent dans l'Asie-Mineure, où ils tombèrent entre les mains des ennemis. Ce ne fut qu'avec beaucoup de peine que Louis et Conrad firent passer jusqu'en Syrie les débris de leurs armées. Ils y formèrent le siége de Damas ; mais ils furent obligés de le lever et de prendre le chemin de l'Europe. Telle fut la fin de cette malheureuse expédition, où périrent les deux plus belles armées qu'on eût vues depuis long-temps. Dans le chagrin qu'excita une si grande perte, on éclata en murmures contre saint Bernard, qui avait prêché la croisade, et qui en avait fait espérer un heureux succès ; mais il se justifia en disant que les croisés avaient attiré la colère de Dieu par leurs désordres, et empêché l'exécution de ses promesses; comme autrefois les Israélites, dans le désert, avaient été exclus de la terre promise à cause de leurs crimes. Déjà épuisé de fatigues et d'austérités, il ne survécut pas long-temps à cette disgrâce. On regarde saint Bernard comme le dernier des Pères de l'Eglise : ses vertus éminentes et ses talents extraordinaires l'élèvent au-dessus de tous les éloges.

INSTITUTION DE L'ORDRE DES TRINITAIRES. (AN 1160.)

Peu de temps après la mort de saint Bernard, la France vit s'élever dans son sein un nouvel établissement très-utile à l'église et infiniment glorieux à la religion. Pendant les croisades, un grand nombre de chrétiens avaient été faits prisonniers par les infidèles; ils gémissaient dans les fers, exposés au danger de perdre la foi, lorsqu'un saint prêtre se sentit inspiré de Dieu pour travailler à les délivrer. Jean de Matha (c'était son nom), né en Provence, de parents vertueux, avait reçu une éducation chrétienne, et la grâce avait fortifié ses heureuses inclinations. L'étude et la prière étaient les occupations ordinaires de son enfance; il ne connaissait d'autres récréations que les lectures de piété; dès sa jeunesse, il affligeait son corps par les jeunes et d'autres mortifications, et il distribuait en aumônes tout l'argent que ses parents lui donnaient. Après ses premières études, il se retira pendant quelque temps dans un hermitage voisin, pour y vivre dans une application continuelle à Dieu; mais, se trouvant exposé aux visites de sa famille, il vint à Paris, où il étudia en théologie, et parvint au doctorat. Maurice de Sully, évêque de Paris, informé de sa science et de sa piété, l'ordonna prêtre. Ce fut en célébrant pour la première fois le saint sacrifice de la messe qu'il connut, par un attrait intérieur, les desseins que Dieu avait sur lui. Aussitôt le saint prêtre se disposa à remplir sa vocation par la retraite et par les exercices de la pénitence. Ayant entendu parler d'un solitaire qui s'appelait Félix de Valois, et qui vivait dans le diocèse de Meaux, au lieu nommé *Gerfroi*, il alla le trouver, et lui fit part de son dessein. Ils formèrent ensemble le plan d'une société religieuse, dont l'objet serait la délivrance des captifs. Ils allèrent tous deux à Rome, et ils exposèrent ce projet au pape Innocent III, qui l'approuva par une bulle solennelle, et l'érigea en institut religieux, sous le nom de la Sainte-Trinité, pour la rédemption des captifs. Revenus en France, ils fondèrent le premier monastère de l'ordre dans le lieu où était l'hermitage de Félix de Valois. Leur vie était si sainte, la fin du nouvel institut si noble, l'œuvre qu'on y exerçait si respectable, qu'ils attirèrent l'estime et la vénération des fidèles : aussi y vint-on en foule, et le nombre de ceux qui demandaient à être admis dans la communauté augmentait de jour en jour. Le saint fondateur fut obligé de bâtir plusieurs monastères, et l'on s'empressait à y contribuer par de pieuses libéralités. Alors il commença l'œuvre particulière de charité à laquelle il s'était dévoué. Il envoya en Afrique deux de ses religieux, qui pour la première fois retirèrent des mains des infidèles cent quatre-vingt six esclaves. Jean fit lui-même plusieurs voyages en Espagne et en Barbarie, et procura la liberté à cent vingt captifs. Il essuya dans ses différents voyages les plus grandes traverses, et courut des dangers de toute espèce; mais rien ne put arrêter l'activité de son zèle. Malgré tant de fatigues, il ne diminua en rien ses austérités. Enfin, sentant ses forces épuisées, il se retira à Rome, où il passa les deux dernières années de sa vie à visiter les prisonniers, à assister les malades et à soulager les pauvres. Ce n'est que dans la religion chrétienne qu'on trouve des exemples de cette charité généreuse, qui sacrifie son repos, sa santé, et expose sa vie pour le bonheur des autres. Une sensibilité naturelle, une bienfaisance toute humaine peut bien opérer quelques légers sacrifices, mais elle n'est pas capable de cet héroïsme qui fait ainsi mépriser les travaux, les dangers et la mort : il faut, pour l'inspirer, pour le nourrir et pour le perpétuer, des motifs plus puissants et des encouragements d'une autre force

MARTYRE DE SAINT THOMAS DE CANTORBÉRY (AN 1170.)

L'Eglise, que saint Jean de Datha honorait en France par sa charité, fut glorifiée en Angleterre par la fermeté épiscopale et par le martyre de saint Thomas de Cantorbéry. Né à Londres en 1117, il se montra, dès sa jeunesse, doué de qualités excellentes : il était parvenu à la dignité de chancelier d'Angleterre et à la plus haute faveur auprès du roi Henri II. Le siége de Cantorbéry étant venu à vaquer, le roi voulut y placer son cancelier. Thomas résistait, et faisait entendre au roi que, s'il devenait archevêque, il ne manquerait pas d'encourir sa disgrâce, parce qu'il se croirait obligé de s'opposer à certains abus qui régnaient en Angleterre. Henri n'eut point d'égard à ces représentations, et le fit élire archevêque par le chapitre de Cantorbéry. Ce que le saint prélat avait prévu arriva. Le roi s'appropria le revenu des bénéfices lorsqu'ils étaient vacants, et il différait d'y nommer pour en prolonger la vacance. Thomas s'éleva avec force contre ces abus. Il s'opposa aux entreprises des juges laïques, qui, au mépris des immunités de l'Eglise anglicane, citaient les personnes ecclésiastiques à leur tribunal. Enfin il montra un zèle intrépide contre les seigneurs et les officiers qui opprimaient l'Eglise et

Croisés.

en usurpaient les biens. Henri en fut irrité, et il exigea que les évêques fissent serment de maintenir toutes les coutumes du royaume. Ce saint archevêque comprit que, sous le nom de *coutumes*, le prince entendait les abus dont on vient de parler, et il refusa le serment. Dès-lors il essuya une persécution ouverte, au point que sa vie était en danger, et qu'il se vit obligé de passer en France. Il députa à Louis VII deux de ceux qui l'avaient accompagné dans sa fuite, pour lui demander un asile dans ses Etats. Au récit qu'ils firent de tout ce que leur maître avait souffert, ce prince leur dit avec bonté : « Comment le roi d'Angleterre a-t il oublié ces paroles du Psalmiste : *Mettez-vous en colère, et ne péchez point?* — Sire, lui répondit un des députés, il s'en serait peut être souvenu s'il assistait à l'office aussi souvent que Votre Majesté. » Le roi sourit, et promit sa protection à l'archevêque, en ajoutant : «Il est de l'ancienne dignité de la couronne de France que les justes persécutés, et surtout les ministres de l'Eglise, trouvent secours et sûreté dans le royaume. » Il travailla ensuite, de concert avec le pape à réconcilier le saint archevêque avec Henri. Sur la foi de cette réconciliation, Thomas retourna en Angleterre; mais il n'y avait pas encore trois mois qu'il était de retour lors que le roi s'emporta de nouveau contre lui, et dit dans un transport de colère : « Quoi ! n'y aura-t-il donc personne pour me venger d'un prêtre qui trouble tout mon royaume?»

Ces paroles furent un arrêt de mort contre le saint prélat. Aussitôt quatre officiers du prince formèrent l'horrible complot de tuer l'archevêque. Ils se rendirent secrètement à Cantorbéry, et le massacrèrent dans son église. Henri ayant appris ce meurtre en fut consterné. Il protesta avec serment qu'il ne l'avait jamais ordonné ; il resta trois jours enfermé dans sa chambre, presque sans manger et sans recevoir aucune consolation ; il consentit à subir la pénitence qui lui serait imposée. Dieu ne tarda pas à manifester la sainteté de son serviteur par un grand nombre de miracles opérés sur son tombeau, et par les châtiments terribles qu'il exerça sur Henri, jusqu'à ce que ce prince eût apaisé la colère divine par une pénitence exemplaire.

TROISIÈME CROISADE (AN 1190.)

Henri II, roi d'Angleterre, pour expier ses fautes, avait résolu d'aller en personne secourir les chrétiens de la Palestine. Elle était alors dans la plus fâcheuse situation. Saladin, soudan d'Egypte, y était entré à la tête de cinquante mille hommes ; il avait remporté une grande victoire sur les chrétiens, et avait fait prisonniers Guy de Lusignan, roi de Jérusalem, Renaud de Châtillon, le grand-maître des hospitaliers, et beaucoup d'autres seigneurs de distinction ; mais la perte qui fut la plus sensible était celle de la vraie croix, qu'on avait portée au combat, et qui fut prise par les infidèles. Après cette défaite de l'armée chrétienne, rien ne put arrêter les progrès des armes de Saladin : presque toutes les villes ouvrirent leurs portes au vainqueur. Il mit le siége devant Jérusalem, et s'en rendit maître. Ainsi cette ville retomba sous la puissance des infidèles, quatre-vingt-huit ans après qu'elle eut été conquise par les chrétiens. Il ne leur resta en Palestine que trois places considérables, Antioche, Tyr et Tripoli. La nouvelle de ce désastre répandit la consternation dans tout l'Occident. Le pape Urbain III en mourut de chagrin. Les rois de France et d'Angleterre, qui étaient alors en guerre, en furent si touchés qu'ils oublièrent leurs querelles particulières pour ne songer qu'à servir la religion. Henri II était mort avant d'avoir accompli son vœu, et ce fut Richard, son fils, qui se croisa avec Philippe-Auguste. Pour fournir aux frais de cette croisade, on imposa sur tous les biens ecclésiastiques une taxe que l'on nomma la *dîme saladine*, parce que c'était la dixième partie du revenu, et qu'elle était destinée à faire la guerre à Saladin. Les deux rois s'embarquèrent chacun avec son armée. Philippe arriva le premier en Palestine, et se joignit aux chrétiens, qui faisaient depuis deux ans le siége de la ville d'Arc. Ce renfort mettait les assiégeants en état de livrer l'assaut; mais Philippe, par ménagement pour le roi d'Angleterre, voulut attendre son arrivée, afin de partager avec lui l'honneur de prendre la ville. Elle se rendit, en effet, par composition, et l'un des principaux articles du traité fut que la vraie croix serait remise entre les mains des chrétiens. On avait lieu d'espérer que ce premier succès serait suivi de nouvelles conquêtes; mais la mauvaise santé de Philippe et les mécontentements qu'il avait reçus du roi d'Angleterre le déterminèrent à repasser en France. Cependant, de peur qu'on ne l'accusât d'avoir abandonné son allié, il lui laissa dix mille hommes d'infanterie, et cinq cents cavaliers, avec l'argent nécessaire pour entretenir ses troupes pendant trois ans. Richard, resté seul en Palestine, avait une armée assez forte pour former quelque grande entreprise : il gagna, en effet, une bataille sur Saladin, et s'il eût marché droit à Jérusalem, il aurait aisément repris cette ville; mais il ne sut pas profiter de l'avantage qu'il venait de remporter, il donna à l'ennemi le temps de fortifier la place. Ayant été ensuite obligé de renoncer au projet de ce siège, il partit pour venir en Europe, après avoir conclu avec Saladin une trêve de trois ans. Ainsi tout le fruit de la troisième croisade fut la prise de la ville d'Acre, qui devint le refuge des chrétiens d'Orient, où ils attendirent longtemps, mais en vain, l'occasion de rétablir le royaume de Jérusalem.

QUATRIÈME CROISADE (AN 1195)

Le peu de succès de la troisième croisade n'empêcha pas qu'elle ne fût suivie d'une quatrième peu d'années après le retour de Philippe-Auguste; mais ce prince n'y prit point de part. Cette nouvelle expédition fut entreprise par des seigneurs français et italiens qui avaient à leur tête le marquis de Montferrat et Baudoin, comte de Flandre. On était convenu de se rassembler à Venise, et la république s'était engagée à fournir des vaisseaux pour le transport des croisés dans la Terre-Sainte. Les Vénitiens, fidèles à leurs engagements, eurent bientôt rassemblés tous les bâtiments nécessaires. Ils firent plus : ils voulurent aussi se signaler dans une guerre où la religion était intéressée, et ils équipèrent à leurs frais cinquante galères pour cinq cents nobles d'entre eux, qui se joignirent aux croisés. On attendait la saison favorable pour s'embarquer lorsque le jeune Alexis, fils de l'empereur de Constantinople, vint implorer leurs secours en faveur de son père, qu'un usurpateur avait détrôné et renfermé dans une étroite prison, après lui avoir fait crever les yeux. Il promettait de rétablir l'union entre les Grecs et les Latins, de fournir deux cent mille marcs d'argent et des vivres pour un an, de faciliter la conquête de la Terre-Sainte, et d'y entretenir toute sa vie cinq cents chevaliers pour la défendre. Ces offres parurent si avantageuses que l'on crut ne pas devoir les refuser, quoiqu'en portant la guerre de ce côté-là on s'écartât du but qu'on s'était proposé. Ainsi, au lieu d'aller en Palestine, on fit voile vers Constantinople. Il ne fallut aux croisés que six jours pour emporter la place. L'usurpateur prit la fuite, et le jeune Alexis fut couronné empereur; mais, bientôt après, ce prince fut étranglé par un de ses officiers, qui s'empara du trône. Dans cette conjecture, les croisés tinrent conseil pour savoir ce qu'ils avaient à faire: ils se crurent autorisés à venger la mort du prince qu'ils avaient protégé; ils attaquèrent de nouveau la ville de Constantinople, la prirent d'assaut et l'abandonnèrent au pillage. L'autorité des chefs ne put mettre un frein à la licence du soldat, qui se permit les plus grands excès. Maîtres de Constantinople, les croisés résolurent d'y établir un d'entre eux en qualité d'empereur. Le choix tomba sur Baudoin, comte de Flandre, dont les Grecs eux-mêmes n'ont pu s'empêcher de louer les vertus. Ce prince fut couronné solennellement dans l'Eglise de Sainte-Sophie. Il prit dès-lors le titre et les ornements d'empereur d'Orient. Les seigneurs croisés partagèrent ensuite la plupart des provinces de l'empire qui étaient en Europe, et, uniquement occupés à s'y maintenir, ils abandonnèrent entièrement l'expédition de la Terre Sainte, pour laquelle ils avaient pris les armes. Ainsi commença l'empire des Latins à Constantinople; mais il ne fut pas de longue durée : au bout de cinquante sept ans, les Grecs parvinrent à remettre sur le trône impérial Michel Paléologue, de la famille de leurs anciens empereurs. Cette conquête des Latins, loin de faciliter la réunion des Grecs à l'Église Romaine, acheva de les en séparer. Les excès qui furent commis dans la prise et le pillage de Constantinople leur inspirent une aversion violente contre les Latins, et c'est à cette époque qu'il faut placer la rupture entière et le schisme consommé de l'Église grecque.

INTTIUTION DES FRÈRES MINEI

L'institution de deux ordres célèbres qui suivit de près la troisième croisade offre aux yeux de la religion un objet plus intéressant que la conquête mal assurée d'un empire. François, né à Assise, petite ville d'Italie, fonda le premier de ces deux ordres, et donna à ses disciples le nom de *Frères Mineurs*. Son père, qui était marchand le destinait à la même profession et ne prit pas grand soin de son éducation. Quoique le jeune François eût plus de goût pour les vains amusements du monde que pour les exercices de piété, il témoignait dès son enfance une tendre compassion pour les pauvres, et il les soulageait selon son pouvoir. Il refusa cependant une fois l'aumône, contre sa coutume; mais il eut un regret si vif qu'il résolut de donner désormais à tous ceux qui demanderaient au nom de Dieu. Une maladie dangereuse qu'il essuya lui fit prendre le parti de renoncer au monde, et de ne s'attacher qu'à Dieu. Quelque temps après, ayant rencontré un pauvre couvert de haillons, il se dépouilla d'un habit neuf qu'il portait, et l'en revêtit. Un autre jour qu'il était en voyage, il trouva sur le chemin un lépreux si défiguré qu'il en eut d'abord horreur; puis, faisant réflexion que pour servir Jésus-Christ, il faut se vaincre soi-même, il descendit de cheval, et baisa le lépreux en lui donnant l'aumône. Quand on commence ainsi, on fait en peu de temps de grands progrès dans la vertu. Aussi François parut-il bientôt un homme nouveau : il cherchait la solitude, et méditait avec attendrissement sur les souffrances du Sauveur. La vie retirée de François ne plaisait pas à son père, qui le maltraita souvent, et qui en vint jusqu'à le déshériter. François ne se crut jamais si riche qu'au moment où il commença à ne plus rien posséder. Il souffrit tout avec patience. « Abandonné de mon père sur la terre, disait-il, je m'adresserai avec plus de confiance à mon Père qui est dans les cieux. » Il se retira auprès d'une petite église appelée *Portioncule* ou *Notre-Dame-des-Anges*, et se mit à servir les lépreux, s'exerçant aux œuvres les plus mortifiantes de la miséricorde et de l'humilité. Ayant entendu lire à la messe ces paroles que notre Seigneur adressa à ses apôtres : Ne portez ni or ni argent, ni deux tuniques, ni chaussure, ni bâton : « Voilà, s'écria t-il plein joie, voilà ce que je cherche, ce que je désire de tout mon cœur. » Aussitôt il cherche ses souliers et son bâton : il renonça à l'argent et ne garda qu'une simple tunique, qu'il attachait avec une ceinture de corde, pratiquant à la lettre ce qu'il venait d'entendre. Il commença dès-lors à prêcher la pénitence par des discours simples, mais solides, et qui faisaient la plus vive impression sur les auditeurs. Il eut bientôt des disciples qui imitèrent sa pénitence et son zèle ; ils annonçaient la parole de Dieu, exhortant tous ceux qu'ils rencontraient à craindre Dieu, à l'aimer et à observer ses commandements. Quelques uns les écoutaient avec attention ; mais la plupart étaient choqués de leurs habits extraordinaire et de l'austérité singulière de leur vie. On leur demandait de quel pays et de quelle profession ils étaient, souvent on leur refusait l'hospice, comme à des malfaiteurs, alors ils étaient réduits à passer des nuits entières sous les portiques des églises. Quelquefois on les chargeait d'injures : les enfants et la populace leur jetait des pierres et de la boue. Ils se réjouissaient de souffrir ces opprobres dans l'exercice du ministère évangélique. Enfin, par leur désintéressements et par leur patience, ils vinrent à bout de dissiper toutes les préventions, et ils se concilièrent en tous lieux la vénération publique.

SAINT FRANCOIS OBTIENT L'APPROBATION DE SON ORDRE. SES TRAVAUX APOSTOLIQUES.

Saint François, voyant que le nombre de ses disciples augmentait, leur dressa une règle, qui n'était autre chose que la pratique des conseils de l'Evangile ; il y ajouta seulement quelques observances particulières, pour mettre de l'uniformité dans leur manière de vivre. Il alla à Rome présenter cette règle à Innocent III, qui l'approuva. Alors le serviteur de Dieu conduisit sa petite société à l'église de la *Portioncule*, qui lui fut cédée par une abbaye de bénédictins de qui elle dépendait, et elle forma son premier établissement. Ce fut comme le berceau de son ordre. Il s'appliqua ensuite à rendre ses disciples propres aux fonctions de l'apostolat; il leur recommanda surtout de s'attacher fortement à la foi de l'Eglise romaine. Après leur avoir beaucoup parlé du royaume de Dieu, du mépris du monde, du renoncement de leur propre volonté et de la mortification du corps: « Ne craignez point, ajouta-t il parce que nous paraissons méprisables; mettez votre confiance en Dieu, qui a vaincu le monde : vous trouverez des hommes durs qui vous maltraiteront; apprenez à souffrir avec patience les rebuts et les outrages.» Il les envoya ensuite en différents pays, et il se réserva à lui-même la mission de la Syrie et de l'Egypte, dans l'espérance d'y trouver le martyre. Il s'embarqua avec un seul compagnon, et il aborda à Damiette, où était alors le sultan Mélédin. Le sultan lui demanda par qui il avait été envoyé vers lui : « C'est, répondit hardiment François, c'est le Dieu très-haut qui m'envoie pour vous montrer le chemin du ciel, à vous et à votre peuple. » Cette intrépidité étonna le sultan, qui l'invita à demeurer auprès de lui : « Je le ferai volontiers, lui dit François, si vous voulez vous convertir avec votre peuple. Pour que vous n'hésitiez plus à quitter la loi de Mahomet et à embrasser celle de Jésus Christ, faites allumer un grand feu ; j'y entrerai avec vos prêtres, afin que vous voyiez quelle est la vraie religion.— Je doute fort, répliqua Mélédin en souriant, qu'aucun de nos imans veuille se soumettre à cette épreuve; d'ailleurs il serait à craindre que cela n'excitât quelque sédition. « Cependant le sultan, charmé des discours de François, lui offrit de riches présents, que le saint homme ne voulut point accepter; et ce refus généreux le rendit encore plus vénérable aux yeux de Mélédin, qui le congédia en lui disant : « Priez pour moi, mon père, afin que Dieu me fasse connaître la religion qui lui est la plus agréable, et qu'il me donne le courage de l'embrasser. » François, à son retour d'Egypte, convoqua un chapître général à Assise ; son ordre s'était multiplié au point que l'on y comptait plus de cinq mille religieux. Comme quelques-uns d'entre eux le priaient d'obtenir du pape un privilége en vertu duquel ils pussent prêcher partout, même sans la permission des évêques, il répondit avec indignation : « Quoi ! mes frères, vous ne connaissez pas la volonté de Dieu! il veut que nous gagnions d'abord les supérieurs par l'humilité et le respect ; nous gagnerons ensuite ceux qui leur sont soumis par nos discours et par nos bons exemples. Quand les évêques verront que vous vivez saintement et que vous ne voulez point entreprendre sur leur autorité, ils vous prieront eux-mêmes de travailler au salut des âmes dont ils sont chargés. Notre privilége singulier doit être de n'avoir point de privilége. » Quand saint François sentit sa mort approcher, il redoubla les rigueurs de sa pénitence. Le jour même où il mourut, il se fit lire la passion du Sauveur, et s'étant mis à réciter le psaume 141, il expira en prononçant ces paroles : « Les justes sont dans l'attente de la récompense que vous leur accordez

INSTITUTION DES FRÈRES PRÊCHEURS. (AN 1216.)

Le second ordre qui prit alors naissance eut pour instituteur saint Dominique. Sorti d'une famille illustre en Espagne, Dominique se sentit, dès sa jeunesse, animé d'un grand désir de travailler au salut des âmes, et en particulier à la conversion de celles qui étaient plongées dans les ténèbres de l'erreur. Il trouva bientôt l'occasion d'exercer son zèle : il était chanoine régulier de l'église d'Osma lorsque don Diego, qui était évêque, fut chargé par Innocent III du soin d'instruire et de ramener à la foi catholique les *Albigeois*, dont les erreurs infestaient alors la ville d'Alby et ses environs. Dominique accompagna son évêque dans cette mission apostolique, et s'employa avec beaucoup d'ardeur à la conversion de ces hérétiques. On a donné le nom d'*Albigeois* à différents sectaires qui, divisés d'ailleurs par les sentiments, s'accordaient entre eux à mépriser l'autorité de l'Eglise, à rejeter l'usage des sacrements, à renverser enfin toute l'ancienne discipline. Ces fanatiques portaient le ravage et la désolation dans tout le pays. Ils s'attroupaient quelquefois au nombre de huit mille hommes, pillaient les villes et les villages, massacraient les prêtres, profanaient les églises, et brisaient les vases sacrés. Les missionnaires connaissaient le danger et la difficulté de l'entreprise; mais ils n'en furent point ébranlés : ils étaient disposés à sacrifier leur vie pour une si belle cause. Dieu les délivra de plusieurs périls. On avait aposté deux assassins dans un endroit où Dominique devait passer; mais il s'échappa de leurs mains. Comme on lui demandait ensuite ce qu'il eût fait s'il était tombé au pouvoir de ces assassins : « J'aurais, dit-il, remercié Dieu, et je l'aurais prié de faire que mon sang coulât goutte à goute, et que mes membres fussent coupés l'un après l'autre, afin de prolonger mes tourments et d'enrichir ma couronne. » Cette réponse fit une vive impression sur ses ennemis. Les saints missionnaires eurent plusieurs conférences avec les hérétiques, et elles se terminèrent toutes à l'avantage de la vérité. Il n'y avait point de jour où il ne s'opérât des conversions éclatantes; mais les esprits n'en furent que plus aigris; et comme ces sectaires étaient soutenus par Raymond, comte de Toulouse, ils se portèrent aux plus grandes cruautés. Pour les réprimer, on fut obligé de recourir à des remèdes violents, et l'on publia contre eux une croisade, moins parce qu'ils erraient dans la foi que parce qu'ils troublaient la tranquillité publique. Simon, comte de Montfort, eut le commandement de cette armée, qu'on avait levée contre les Albigeois. Ce seigneur les poursuivit vivement; et si dans le cours de ces exploits il se trouve quelques traits d'une sévérité excessive, il faut considérer qu'il avait affaire à des monstres dont il crut ne pouvoir autrement purger les provinces qu'ils désolaient. Au reste, saint Dominique n'eut aucune part à cette expédition militaire : la douceur et la patience furent les seules armes qu'il employa. Lorsqu'il vit que l'armée des croisés approchait, il n'oublia rien pour écarter le danger qui menaçait ce peuple opiniâtre. Se trouvant ensuite parmi les croisés, il remarqua que plusieurs ne s'étaient joints à eux que pour piller, et qu'ils se livraient à toutes sortes de désordres. Il entreprit de les réformer eux-mêmes, et il y travailla avec autant de zèle qu'il en avait montré pour convertir les Albigeois.

SAINT DOMINIQUE OBTIENT LA CONFIRMATION DE SON ORDRE (AN 1216.)

La croisade entreprise contre les Albigeois n'étant ni le seul, ni même le meilleur moyen de rétablir et de maintenir la foi dans le Languedoc, Dieu voulut produire un si grand bien par la persuasion, plus que par la terreur. Il inspira à saint Dominique le dessein de former une société d'hommes apostoliques, qui, en se sacrifiant eux-mêmes par les exercices de la vie religieuse, pussent travailler efficacement par leurs prédications à répandre la lumière de la foi et à opérer la sanctification du prochain. Dans cette vue, il s'associa quelques compagnons qui consentirent à vivre en commun, selon le plan qu'il leur traça. Foulques, évêque de Toulouse, goûta fort ce projet, et il en favorisa l'exécution de tout son pouvoir. Il emmena Dominique à Rome, afin d'obtenir l'approbation du souverain pontife. Aprés quelques difficultés, qui furent bientôt éclaircies, le pape approuva le nouvel institut, et en confirma, par son autorité, les constitutions. L'évêque Foulques donna à saint Dominique et à ses disciples leur première église fondée en l'honneur de saint Romain dans la ville de Toulouse, et il y eut parmi les citoyens de cette ville une pieuse émulation pour contribuer à leur établissement. Cette émulation s'étendit bientôt dans toute la province, et l'on s'empressa de fonder des maisons de cet ordre à Montpellier, à Bayonne, à Lyon et dans plusieurs autres villes. La réputation dont jouissaient les nouveaux religieux, connus sous le nom de *Frères Prêcheurs*, attira dans leur ordre des hommes du mérite le plus distingué. Alors le saint patriarche envoya plusieurs de ses disciples en différents pays pour y prêcher la pénitence, et pour défendre la pureté de la foi contre les hérétiques : il en vint sept à Paris, à qui l'université et un pieux docteur nommé *Jean*, doyen de Saint Quentin, donnèrent la maison de Saint-Jacques, d'où il prirent le nom de *Jacobins*. Cette petite communauté s'accrut au point que saint Dominique y trouva trente religieux lorsqu'il y vint en 1219. Le saint fondateur voyait avec une sensible consolation l'œuvre de Dieu prospérer; il ne cessait de prier pour la conversion des hérétiques et des pécheurs. Rien ne lui aurait été plus agréable que d'aller annoncer l'Evangile aux nations barbares, et de verser son sang pour Jésus-Christ, si la volonté de Dieu ne l'eût retenu au milieu de ses frères. C'est parce qu'il était animé de ces sentiments qu'il a fait du ministère de la parole la fin principale de son institut. Il désirait que tous ses religieux s'y appliquassent. Plus cette fonction est importante, plus il prenait de soin pour y préparer ses disciples par la pratique de toutes les vertus. Il leur enseignait l'art de parler au cœur, en leur inspirant une ardente charité pour le prochain. Un jour qu'il venait de prêcher, on lui demanda dans quel livre il avait étudié son sermon : Le livre dont je me suis servi, répondit-il, est le livre de la charité. » Il prédit l'heure de sa mort longtemps avant qu'elle arrivât. Vers la fin de juillet, il dit à quelques amis : « Vous me voyez en bonne santé, cependant je sortirai de ce monde avant la fête de l'Assomption. » En effet, il fut pris d'une fièvre violente, et, après avoir exhorté ses religieux à édifier le prochain et à honorer leur état par leurs vertus, il expira doucement, étendu sur la cendre. Si l'on apprécie de bonne foi les services importants que les ordres religieux ont rendus, tout ce qu'ils ont fait pour l'instruction et la conversion des peuples, pour le soulagement des pasteurs dans l'exercice du saint ministère, on ne pourra disconvenir que ces établissements ne nous aient procuré une multitude d'hommes également précieux à l'Eglise et à l'Etat.

NAISSANCE ET ÉDUCATION DE SAINT LOUIS, ROI DE FRANCE. (AN 1213.)

Dieu mit le comble aux faveurs signalées qu'il avait accordées à ce siècle, fécond en saints personnages, par la naissance d'un grand prince, qui sanctifia le trône par ses vertus, et l'honora par ses rares qualités. Louis IX avait à peine douze ans lorsque son père mourut. Il fut élevé sous la tutelle de sa mère, Blanche de Castille, qui gouverna le royaume de France en qualité de régente. Cette vertueuse princesse inspira de bonne heure à son auguste fils l'amour de la vertu et le goût de la piété. Elle lui répétait souvent ces belles paroles, si dignes d'une mère chrétienne : «Mon fils, quelque tendresse que j'aie pour vous, j'aimerais mieux vous voir privé du trône et de la vie que souillé d'un seul péché mortel. » Le jeune Louis prenait plaisir à écouter les sages instructions de sa mère, et il ne les oublia jamais. Blanche, ne pouvant suffire seule à l'éducation du jeune roi, mit auprès de sa personne des hommes d'une sagesse consommée, qui formèrent en lui les qualités d'un héros et les vertus d'un grand saint. Ils lui apprirent que tout est grand dans le christianisme et infiniment au dessus de ce qu'on estime dans le monde. L'heureux naturel du prince était très-propre à seconder les desseins de ses instituteurs, et ses progrès devançaient leurs leçons. Il montra toute sa vie l'estime singulière qu'il faisait de la grâce du baptême par la prédilection marquée qu'il avait pour le lieu où il l'avait reçu. Il signait quelquefois *Louis de Poissy*, donnant à entendre qu'il préférait le titre de chrétien à celui de roi de France. Il fut sacré à Reims le premier dimanche de l'Avent 1226. Ce ne fut pas une pure cérémonie pour ce prince ; il la regarda comme un engagement solennel qu'il prenait de travailler au bonheur de son peuple. Il s'y prépara par des exercices de piété, conjurant le Seigneur de répandre dans son âme l'onction sainte de la grâce. Il parut pénétré des paroles du psaume qu'on y chanta au commencement de l'office, et il s'en fit l'application à lui-même : C'est vers vous, Seigneur, que j'ai élevé mon âme ; mon Dieu, j'ai mis ma confiance en vous. » On cultiva aussi l'esprit du jeune prince : on lui apprit l'art de gouverner les hommes et celui de faire la guerre; on lui enseigna l'histoire, que l'on a toujours regardée comme l'école des princes; enfin on ne négligea aucunes des connaissances propres à former un grand roi. Il savait assez bien le latin pour entendre les écrits des saint Pères, qu'il avait coutume de lire afin de sanctifier ses autres études. Lorsque le jeune monarque commença à gouverner par lui-même, on le vit appliqué à tous ses devoirs et fidèle à les remplir. Magnifique quand il fallut l'être, il aimait cependant l'économie, et préférait en toutes choses la simplicité : ses habits, sa table, sa cour, tout annonçait un prince ennemi du faste. Après avoir donné la plus grande partie de son temps aux affaires de l'État, il se plaisait à converser avec des personnes pieuses; il consacrait chaque jour quelques heures aux exercices de la religion; et comme ceux qui avaient moins de piété que lui le blâmaient à ce sujet, il répondait avec douceur : « Les hommes sont étranges : on me fait un crime de mon assiduité à la prière, et l'on ne dirait mot si j'employais le temps que j'y donne à jouer aux jeux du hasard, à courir la bête fauve, ou à chasser aux oiseaux. »

SAINT LOUIS FAIT APPORTER EN FRANCE LA COURONNE D'ÉPINES (AN 1239.)

Il n'y avait pas longtemps que saint Louis avait pris en main les rênes du gouvernement, lorsqu'il trouva l'occasion de signaler sa piété et son respect pour la religion. Baudoin III, empereur de Constantinople, était venu en France solliciter du secours pour soutenir son trône chancelant. Ce trône n'avait jamais été bien affermi depuis la conquête qui en avait été faite, et il était alors puissamment attaqué par les Grecs. Baudoin, comblé des bienfaits du saint roi, lui en marqua sa reconnaissance, en lui offrant la couronne d'épines de notre Seigneur, qui se conservait de temps immémorial dans la chapelle du palais des empereurs d'Orient. Le religieux prince reçut cette offre avec une joie incroyable. Il envoya aussitôt à Constantinople des députés, auxquels l'empereur donna des lettres qui contenaient l'ordre de leur remettre ce précieux dépôt. Les députés, en arrivant dans cette ville, trouvèrent que l'on avait été forcé de remettre comme en gage la sainte couronne entre les mains des Vénitiens, qui avaient prêté une somme considérable. Il fallait les rembourser pour retirer cette sainte relique. Louis, informé de ce traité, la dégagea à ses frais. Elle fut donc apportée en France, scellée des sceaux de l'empire et de ceux de la république de Venise. Quand le roi sut qu'elle s'avançait du côté de Sens, il alla à sa rencontre jusqu'au bourg de Villenenve, accompagné de sa cour et d'un clergé nombreux. A l'aspect de la sainte couronne, il fondit en larmes, au point que tout le monde en fut attendri. Puis ils se chargèrent lui et son frère Robert, de la châsse qui la contenait, et ils la portèrent depuis l'entrée de Sens, marchant nu-pieds, au milieu d'une foule innombrable de peuples, jusqu'à l'église de Saint-Etienne de cette ville. Le pieux roi la reçut avec les mêmes sentiments et la même pompe dans Paris, et la fit placer dans son palais. Quelques années après, il reçu encore de Constantinople plusieurs autres reliques, un morceau considérable de la vraie croix, le fer de la lance qui perça le côté de notre Seigneur, l'éponge qui lui fut présentée imbibée de fiel et de vinaigre. Il les fit renfermer dans des châsses d'argent enrichies de pierreries; et pour les placer honorablement, il fit bâtir une chapelle célèbre sur le même lieu où était l'ancien Oratoire, et il fonda des chanoines pour y célébrer l'office divin. La dédicace de la Sainte-Chapelle se fit avec beaucoup de solennité, et ce fut le lieu ordinaire où le saint roi vaquait aux exercices de piété, y passant quelquefois les nuits en prières, mais le temps qu'il y donnait n'était jamais au préjudice de son peuple. Il était persuadé que la piété qui nuit à l'accomplissement des devoirs est une fausse piété. L'attention qu'il portait sur toutes les branches du gouvernement, attestée par les monuments qui nous restent de son règne, prouve que les devoirs de la royauté étaient sa grande occupation : la France lui doit les plus beaux établissements et les lois les plus sages.

PREMIÈRE CROISADE DE SAINT LOUIS. (AN 1248.

Une maladie dangereuse qu'essuya saint Louis fut l'occasion de la première croisade qu'il entreprit pour le recouvrement de la Terre-Sainte. Il fut attaqué d'une dyssenterie si violente qu'elle le mit bientôt à l'extrémité. On le crut mort pendant quelques moments. La France, consternée, adressait à Dieu des prières ferventes, pour lui demander son père et son roi. On mit sur le prince mourant le morceau de la vraie croix et les autres reliques qu'il avait reçues de Constantinople, et il revint de son assoupissement. La première parole qu'il prononça fut pour appeler l'évêque de Paris, et pour lui demander la croix, parce qu'il voulait aller au secours de la Terre-Sainte. Le prélat fit beaucoup de difficultés : mais le roi insista d'une manière si touchante qu'il n'y eut pas moyen de refuser. En recevant la croix, il la baisa affectueusement, et déclara qu'il était guéri. En effet, bientôt après il reparut au milieu de son peuple, et il fut attendri du spectacle de la joie publique. Il se disposa, par l'exercice de toutes sortes de bonnes œuvres, à accomplir son vœu. La plupart des princes prirent la croix, et leur exemple fut suivi de la noblesse et du peuple. Le roi s'embarqua dans le dessein de porter la guerre en Egypte, et d'attaquer dans son propre pays le soudan, qui avait subjugué la Terre-Sainte. On arriva heureusement à l'île de Chypre, où le roi avait fait préparer des magasins. De là, il envoya déclarer la guerre au soudan d'Egypte, en cas qu'il refusât de rendre aux chrétiens les places qui leur avaient été enlevées. Le fier musulman refusa de les rendre et se prépara à soutenir la guerre. La flotte des croisés partit donc de l'île de Chypre, et elle arriva à la vue de Damiette, l'une des plus fortes places de l'Egypte. L'ennemi bordait la côte pour s'opposer à la descente. Alors, le roi monta sur le tillac, et tous les seigneurs se rassemblèrent autour de lui. « Mes amis, leur dit-il, c'est par une providence singulière que ce voyage a été entrepris ; nous ne pouvons douter que Dieu n'ait quelque grand dessein : nous serons invincibles, si nous sommes unis ; mais, quel que soit l'évènement, il nous sera avantageux : si nous mourons, nous obtenons la couronne immortelle du martyre; si nous sommes victorieux, Dieu sera glorifié. Combattons pour lui, il triomphera pour nous. Ne considérez pas ma personne, je ne suis qu'un homme dont la vie est entre les mains de Dieu. » Ces paroles et l'intrépidité du roi inspirèrent aux croisés une nouvelle ardeur : on s'avança fièrement vers le rivage. Le légat, qui était dans le même vaisseau que le roi, portait une croix fort haute, pour animer les soldats par la vue de ce signe sacré; une chaloupe précédait, et l'on y avait dressé l'oriflamme, étendard que les rois faisaient porter devant eux à la guerre. Comme il n'y avait pas assez d'eau pour aborder avec les vaisseaux, le roi sauta dans la mer l'épée à la main, et toute l'armée le suivit. Les ennemis lancèrent une grêle de traits, mais ils ne purent tenir contre l'attaque impétueuse des Français : ils prirent la fuite en désordre. Les habitants et la garnison de Damiette abandonnèrent cette place, et le roi y entra sans résistance. Ce ne fut pas avec la pompe et le faste d'un conquérant, mais avec l'humilité d'un roi vraiment chrétien, qui fait à Dieu un hommage sincère de sa victoire. Il entra en procession, nu pieds, avec les princes et le clergé. On alla de cette manière jusqu'à la principale mosquée, dont le légat fit une église en la purifiant, et où il célébra solennellement la messe.

CAPTIVITÉ DE SAINT LOUIS. (AN 1250.)

Saint Louis, maître de Damiette, résolut d'aller droit au Caire, qui était la capitale de l'Egypte. Pour y arriver, il fallut combattre l'armée des infidèles, qui était campée dans un lieu nommé *la Massoure*. Le roi y conduisit ses troupes, et attaqua les ennemis, qui firent une vigoureuse résistance. La témérité du comte d'Artois, qui s'avança, contre l'ordre du roi son frère, jusque dans la Massoure, attira sur lui et sur l'armée française tous les malheurs qui suivirent cette funeste journée. Les ennemis fondirent sur lui avec impétuosité. Les Français volèrent au secours du prince, et il y eut un combat sanglant, où il périt. La perte fut considérable de part et d'autre, mais l'ennemi pouvait réparer ses forces, étant dans son propre pays. Il n'en était pas de même des croisés. Pour comble de malheur, une maladie contagieuse se répandit parmi eux, et les tint dans l'inaction pendant plusieurs mois : comme les vivres se consommaient, la famine se joignit à la maladie. On fut donc obligé de reprendre le chemin de Damiette, mais on était suivi par les ennemis, et, pendant toute la marche, ce ne fut plus qu'un combat continuel. Le saint roi fit des efforts incroyables ; mais, ayant été forcé de s'arrêter à une petite ville, il tomba entre les mains des infidèles, avec ses deux frères et la plus grande partie de son armée. Saint Louis, dans la prison, parut le même que sur le trône, aussi grand dans les fers que s'il eût été vainqueur sur le champ de bataille. Les barbares eux-mêmes étaient étonnés de sa fermeté, et ils disaient que c'était le plus fier chrétien qu'ils eussent jamais connu. Traité avec inhumanité, il se conduisit toujours en roi dont la grandeur est indépendante des événements, en fidèle chrétien à qui Dieu tient lieu de tout, en héros dont l'âme est supérieure à tous les revers. « Tu es dans les fers, lui disaient ces barbares, et tu nous traites comme si nous étions tes captifs. » Cette constance héroïque fit tant d'impression sur le soudan qu'il lui offrit la liberté, à condition que Louis donnerait un million de besants d'or pour sa rançon, et pour celle des autres prisonniers. « La personne d'un roi de France ne se rachète point à prix d'argent, répondit le roi : je donnerai pour ma rançon la ville de Damiette, et pour celle de mes sujets la somme que vous me demandez. » Le soudan, plein d'admiration, fit remise au roi de la cinquième partie du prix. Le traité était conclu ; mais, avant qu'on l'exécuta, le soudan fut tué par ses émirs, et cette mort replongea le saint roi dans de nouveaux embarras. Les assassins vinrent à sa prison comme des furieux. Louis les vit entrer san.

émotion, et leur imposa par son intrépidité. Ils ratifièrent le traité ; ils délibérèrent même s'ils ne la feraient pas leur soudan ; mais la crainte de voir leurs mosquées détruites par un prince si ferme dans sa religion les empêcha de lui offrir cette dignité. Le roi, ayant été mis en liberté, exécuta fidèlement la convention. Il rendit Damiette au jour marqué ; il paya la somme promise ; et, comme les infidèles s'étaient trompés dans le calcul à leur désavantage, il leur fit apporter ce qui manquait, quoiqu'ils eussent été peu exacts à remplir leurs engagements.

VOYAGE DE SAINT LOUIS EN PALESTINE.

Les infidèles retenaient, contre la foi du traité, un grand nombre de prisonniers français, et ils s'efforçaient de les faire apostasier. Ce fut ce qui empêcha le saint roi de retourner en France, comme on l'en pressait. Pour être à portée de retirer de leurs mains le reste des captifs, et de préserver la Terre-Sainte d'une ruine entière, il fit voile vers la Palestine, et il y arriva heureusement dans la ville d'Acre. Il y fut reçu avec de grandes marques de joie par les habitants, qui vinrent en procession au-devant de lui jusqu'à la mer. Il lui restait à peine six mille hommes, nombre trop petit pour former aucune entreprise. Cependant, à la prière des chrétiens de ce pays, il résolut d'y demeurer quelque temps; mais il renvoya en France ses deux frères, Alphonse de Poitiers et Charles d'Anjou. Pendant le séjour que ce prince fit dans la Terre-Sainte, il visita les saints lieux avec les plus tendres sentiments de piété et les marques de respect les plus touchantes. Etant allé à Nazareth le jour de l'Annonciation, du plus loin qu'il aperçut ce saint lieu, il descendit de cheval, et se mit à genoux, ensuite il fit à pied le reste du chemin, quoiqu'il fût très-fatigué et qu'il eût ce jour-là jeûné au pain et à l'eau. Il avait un extrême désir d'aller à Jérusalem, et le soudan, qui en était maître, y avait consenti; mais on lui représenta que s'il entrait dans la ville sainte sans la délivrer, tous les rois qui viendraient dans la suite en Palestine se croiraient quittes de leur vœu, en se contentant, à son exemple, d'un simple voyage de dévotion. C'est ce qui le fit renoncer à ce dessein. Il employa tout le temps de son séjour en Palestine à raffermir les affaires des chrétiens de ce pays, réparant et fortifiant, à ses frais, les places qu'ils y avaient encore. Il y était occupé de tous ces grands ouvrages, lorsqu'il apprit la mort de la reine Blanche, sa mère. Il la pleura amèrement, mais en chrétien, avec une entière résignation à la volonté de Dieu: il se mit à genoux devant l'autel, et adressa à Dieu ces paroles : « Seigneur, je vous rends grâces de m'avoir conservé jusqu'ici une mère si digne de toute mon affection : c'était un présent de votre miséricorde; vous le reprenez comme votre bien : je n'ai point à m'en plaindre. Il est vrai que je l'aimais tendrement; mais puisqu'il vous plaît de me l'ôter, que votre saint nom soit béni dans tous les siècles. » Cette mort le fit songer à son retour en France : il y avait près de six ans qu'il en était sorti. Il fit ses dernières dispositions, et, après avoir mis les places de la Palestine en état de défense, il partit du port d'Acre, au mois d'avril 1254, comblé des bénédictions de tout le peuple, de la noblesse et des évêques, qui le conduisirent jusqu'à son vaisseau. Dans le cours de la navigation, le saint roi s'occupa de la prière, du soin des malades et de l'instruction les matelots; ses exemples produisirent les meilleurs effets : les exercices de religion se faisaient avec presque autant de régularité que dans un monastère. Il débarqua en Provence, et prit le chemin de Paris, où il arriva le 5 septembre. Un de ses premiers soins fut d'aller remercier Dieu dans l'église de Saint-Denis, à laquelle il fit de magnifiques présents.

SECONDE CROISADE DE SAINT LOUIS. SA MORT.

(AN 1270.)

Saint Louis, à son retour de la Palestine, n'avait pas quitté la croix, parce qu'il méditait dès-lors une seconde expédition pour le même objet. Il fut confirmé dans cette disposition par les nouvelles qu'il reçut de ce pays. Depuis son départ, les infidèles avaient repris une partie des places qu'il avait fortifiées, et ils y exerçaient les plus grandes cruautés contre les chrétiens qui refusaient d'embrasser le mahométisme. Ce prince, après avoir réglé les affaires de son royaume, déclara la résolution où il était d'aller à leur secours; il engagea les princes et les seigneurs de ses Etats à se croiser avec lui. Ses discours et son exemple firent la plus vive impression sur les esprits, et le roi se vit bientôt à la tête d'une puissante armée. Il s'embarqua au mois de juillet 1270, et fit voile vers Tunis. Ce qui le détermina à y conduire son armée, c'est que le roi de ce pays lui avait donné lieu de croire qu'il embrasserait la religion chrétienne s'il ne craignait pas la révolte de ses sujets. Cette conversion paraissait à Louis très-propre à faciliter le recouvrement de la Terre-Sainte, et il l'avait fort à cœur. *Oh!* s'écriait-il quelquefois, *si j'avais la consolation de me voir le parrain d'un prince mahométan!* Bientôt une si douce espérance s'évanouit; car dès que les croisés furent arrivés en Afrique, le roi de Tunis fit arrêter tous les chrétiens qui étaient dans la ville, et les menaça de leur faire trancher la tête si l'armée française approchait de la place. Comme la ville de Tunis était très-fortifiée pour ce temps-là, et défendue par une nombreuse garnison, Louis crut ne devoir rien entreprendre avant d'avoir reçu les renforts qu'il attendait, et il se contenta de mettre son armée à l'abri des insultes de l'ennemi, en faisant entourer son camp de fossés et de palissades; mais bientôt des fièvres malignes et des dyssenteries causées par les chaleurs excessives du climat et par les mauvaises eaux, se répandirent parmi ses troupes avec tant de violence que l'armée fut diminuée près de la moitié. Le saint roi en fut attaqué lui même, et jugea, dès le premier jour, que l'attaque était mortelle. Jamais il ne parut plus grand que dans cette circonstance critique. Malgré la douleur qu'il souffrait, il n'interrompit aucune des fonctions de la royauté : il donna toujours ses ordres avec la même présence d'esprit que s'il eût été en parfaite santé, et plus occupé des autres que de lui-même; il n'épargnait rien pour les soulager. Enfin il succomba, et fut obligé de garder le lit. Le prince Philippe, son fils aîné, était toujours auprès de lui. Saint Louis qui l'aimait et qui allait bientôt lui céler son royaume, recueillai. toutes ses forces pour lui donner des instructions admirables, qui sont parvenues jusqu'à nous, et qui commencent ainsi : « Mon fils, la première chose que je vous recommande, c'est d'aimer Dieu de tout votre cœur, et d'être disposé à souffrir tout plutôt que de pécher mortellement. » C'est ce que sa vertueuee mère lui avait inculqué dès son enfance, et dont il avait fait la règle de toute sa conduite. Il demanda de bonne heure les sacrements, et il les reçut avec une ferveur qui fit verser des larmes à tous les assistants. Quand il sentit son dernier moment approcher, il se fit coucher sur un lit couvert de cendre, où, les bras croisés sur sa poitrine, les yeux fixés vers le ciel, il expira en prononçant distinctement ces paroles du Psalmiste : « Seigneur, j'entrerai dans votre maison; je vous adorerai dans votre saint temple, et je glorifierai votre nom. » Ainsi mourut le meilleur des rois, dont on ne peut admirer les vertus sans bénir la religion sainte qui les a produites.

PREMIÈRE RÉUNION DES GRECS. — DEUXIÈME CONCILE DE LYON. (AN 1274.)

Le concile de Lyon avait pour objet principal la réunion des Grecs à l'Eglise romaine, dont ils étaient séparés depuis longtemps. Ce concile s'ouvrit le 27 mai 1274 et dura jusqu'au 17 juillet. L'assemblée fut très-nombreuse, il s'y trouva cinq cents évêques et soixante-dix abbés. Jacques, roi d'Aragon, s'y rendit en personne; les ambassadeurs et plusieurs autres princes y assistèrent aussi. Michel Paléologue, alors empereur de Constantinople, avait fort à cœur cette réunion; mais c'était par des vues de politique : il craignait d'être attaqué par les princes latins, après avoir chassé Baudoin III du trône impérial. Pour détourner l'orage qui le menaçait, il s'adressa au pape, et lui promit d'employer son autorité à faire cesser le schisme. Cette proposition fit d'autant plus de plaisir au souverain pontife que les Grecs offraient d'eux-mêmes une réconciliation à laquelle on les avait exhorté jusqu'alors sans succès, et que les circonstances paraissaient favorables à l'exécution de ce grand dessein. Michel, qui avait sollicité Grégoire X à convoquer ce concile, ne manqua pas d'y envoyer ses ambassadeurs, savoir : Germain, ancien patriarche de Constantinople; Théophante, métropolitain, de Nicée, et Grégoire, grand logothète, c'est-à-dire grand trésorier de l'empire. Ils étaient chargés d'une lettre pour le pape, qui y était appelé le premier et le souverain pontife, le père commun de tous les chrétiens. Ils en avaient aussi une autre écrite au nom de trente-cinq archevêques grecs avec leurs suffragants. Dans cette lettre, les prélats exprimaient leur consentement et leurs concours pour la réunion avec l'Eglise de Rome. A l'arrivée de ces ambassadeurs, tous les Pères du concile allérent au-devant d'eux, et les conduisirent au palais du pape, qui les reçut honorablement et leur donna le baiser de paix avec toutes les marques d'une affection paternelle. Ces ambassadeurs, de leur côté, rendirent au souverain pontife tous les respects qui sont dus au vicaire de Jésus-Christ, au chef de l'Eglise universelle; ils déclarèrent qu'ils venaient au nom de l'empereur et des évêques d'Orient, rendre obéissance à l'Eglise romaine, et professer une même foi avec elle. Cette déclaration excita la joie la plus vive dans tous les cœurs. Le jour de saint Pierre, le pape célébra la messe dans la cathédrale de Lyon, en présence de tout le concile. Après que le Symbole eut été chanté en latin, le patriarche Germain et les autres Grecs, pour marquer l'unité de la foi, répétèrent le même Symbole dans leur langue. Ils vinrent à la quatrième session, et furent placés à la droite du pape après les cardinaux. On y lut à haute voix les lettres dont ils étaient porteurs. Alors le grand logothète, au nom de la nation, abjura le schisme, accepta la profession de foi de l'Eglise romaine, et confessa la primauté du saint siége. Le pape, après avoir témoigné, en peu de mots, la joie de l'Eglise, qui embrassait enfin avec tendresse tous ses enfants réunis dans son sein, entonna le *Te Deum*, et tous les assistants, unissant leurs voix rendirent à Dieu de solennelles actions de grâces. Tout semblait promettre une réunion durable ; cependant elle ne se maintint que jusqu'à la mort de l'empereur Michel : son fils, qui lui succéda, renouvela le schisme.

SCHISME D'OCCIDENT. (AN 1478.) — CONCILE DE CONSTANCE.

Un autre schisme, plus scandaleux encore, désola l'Église peu de temps après celui des Grecs. Voici quelle en fut l'occasion. Le pape Clément V, qui était Français, fixa sa demeure à Avignon, et ses successeurs continuèrent d'y faire leur séjour. L'Italie souffrit beaucoup de cette absence des papes, et Rome, en particulier, était déchirée par des factions différentes. On y désirait ardement et l'on sollicitait avec chaleur le retour du pape. Enfin Grégoire XI se rendit à ces instances pressantes, et il partit d'Avignon. Il fut reçu à Rome au milieu des acclamations du peuple et des témoignages de la joie la plus vive. Après sa mort, le peuple romain, craignant que le nouveau pape, s'il était Français, n'allât encore résider à Avignon, s'attroupa au lieu où les cardinaux étaient assemblés, et se mit à crier : *Nous voulons un pape romain* ! A ces cris séditieux il ajouta des menaces, et leur déclara que s'ils choisissaient un étranger, il leur rendrait la tête aussi rouge que leur chapeau. Les cardinaux, intimidés, nommèrent précipitamment l'archevêque de Bari, qui prit le nom d'Urbain VI. Ce pape, qui était d'un caractère dur et inflexible, indisposa bientôt, par une conduite imprudente, ceux qui l'avaient élu. Mécontents de leur choix, ils sortirent de Rome, déclarèrent leur élection nulle par défaut de liberté, et élurent un autre pape, sous le nom de Clément VII. Cette malheureuse affaire jeta l'Eglise dans une horrible confusion. Toute la chrétienté se trouva partagée entre les deux papes. Clément fut reconnu en France, en Espagne, en Ecosse, en Sicile ; Urbain eut pour lui l'Angleterre, la Hongrie, la Bohême et une partie de l'Allemagne. Ils employèrent, l'un contre l'autre, les armes spirituelles, et la conduite violente qu'ils tinrent ne fit qu'allumer davantage le schisme et aigrir tous les maux qui en étaient la suite. La mort d'Urbain ne termina point le schisme ; les cardinaux de son obédience lui donnèrent un successeur. On fit de même dans le parti opposé. Ces scènes fâcheuses se renouvelèrent souvent. Enfin les cardinaux, affligés de cette funeste division, se réunirent dans le concile de Pise, et, pour la faire cesser, ils destituèrent les deux papes, et nommèrent de concert Alexandre V ; mais, malgré leurs efforts, le schisme continuait, et les maux augmentaient. L'obstination des papes, la jalousie des cardinaux des différentes obédiences, les divers intérêts des couronnes, tout faisait craindre que le schisme ne se perpétuât ; mais l'Église a des promesses, et Dieu ne l'abandonna point dans ce danger extrême. Il brisa tous les obstacles que les passions humaines opposaient au rétablissement de l'union, et elle se fit dans le concile général de Constance, tenu en 1414. Tous les prétendants à la papauté ou abdiquèrent, ou furent déposés par l'autorité du concile. On y élut Martin V, qui fut seul généralement reconnu pour légitime et unique souverain pontife. Au reste, quoique l'on fût partagé sur le droit des concurrents, on n'en demeurait pas moins attaché au siège apostolique, à la chaire de saint Pierre, et ce schisme, tout déplorable qu'il était en lui-même, nuisit peut-être moins aux consciences que d'autres scandales. C'est la réflexion de saint Antonin, archevêque de Florence, qui écrivait vers le milieu du siècle suivant : « On pourrait, dit-il, être de bonne foi et en sûreté de conscience dans l'un et l'autre parti : car quoiqu'il soit nécessaire de croire qu'il n'y a qu'un seul chef visible de cette Église, s'il arrive cependant que deux souverains pontifes soient créés en même temps, il n'est pas nécessaire de croire que celui-ci ou celui-là est le pape légitime ; mais il faut croire seulement que le vrai pape est celui qui a été canoniquement élu, et le peuple n'est point obligé de discerner quel est ce pape : il peut suivre en cela le sentiment et la conduite de ses pasteurs particuliers. Le grand dessein de Dieu, qui est la sanctification des élus, ne s'accomplit pas moins au milieu des scandales. En effet, il y eut de saints personnages dans les deux obédiences. »

Limoges. — Impr. de Charles Barbou.

www.ingramcontent.com/pod-product-compliance
Ingram Content Group UK Ltd.
Pitfield, Milton Keynes, MK11 3LW, UK
UKHW020949180726
13838UKWH00003B/1220